너는 어떻게 부드러워지니?

김은후 시집

시인동네 시인선 264

김은후 시집

너는 어떻게 부드러워지니?

시인동네

최초의 언어는 울음입니다.

나는 운이 좋아 울음에서 빠져나와 간간이 말을 섞으며 울기도
합니다.

울음에도 자음과 모음이 있습니다.

2025년 10월

김은후

차례

제3부

제1부

크레이터

몸에 별똥돌의 흔적이 있습니까 어떤 질병이나 실패는 불
타는 별과 같지만 출처가 소행성대가 아니라 세상이고 또 대
부분 예상치 못한 충돌이었으니 흉터는 필연으로 풍화되었을
겁니다 겨우 쏜살같은 속도로만 빛나는 별똥별은 어디에 떨
어지건 움푹한 깊이를 갖게 됩니다 별똥별의 속도는 빛의 속
도보다 느릴 것입니다 그러니 미래로 갈 수는 없겠습니다 사
과나무 밑엔 불시착하는 여름이 있습니다 파랄 때 가장 무거
울까요 빨간색은 쉽게 떨어지지 않는 것을 보면 모든 낙하가
동일한 품종은 아닌 것 같습니다 보름일 때 가장 잘 보인다는
달의 크레이터, 흉터는 언제 가장 잘 보일까요 누구나 제빛을
태우며 살아 있지만 무거운 곳과 가벼운 곳은 사선과 직선으
로 다릅니다 무중력에도 저쪽은 있고 충돌할 때 얻은 것은 아
마도 가장 낮은 무게였을 것입니다 그렇다면 누가 별똥돌의
주인일까요 우주일까요 빛일까요 크레이터일까요 동심원상
으로 흩어지는 파편 같은

빵의 모양

나는 나 자신과 나의 입장으로 한 몸이지 물론 너도 너 자신
과 너의 입장으로 한 몸이고 그렇지만 입장은 서로 빌려줄 수
있지 넓적한 접시와
목이 긴 유리병을 서로 맞바꾸듯
여우와 두루미의 만찬 이야기에서처럼

바게트를 좋아하는 여자
단팥빵을 좋아하는 남자

이런, 식성이라는 자신이 또 있다는 사실을 깜빡했네

눈치 없는 배려를 많이 갖고 있다면 그건, 자신만이 쓸 수 있
는 재산이 많은 것과 같겠지 단팥빵을 잔뜩 차려놓고 초대한
남자와 오래 살다 보면 등 돌아선 타인과도 가끔은 친하게 지
낼 수 있다는 것을 알게 되지

협업을 발명하지 않은 짐승들이 쌍쌍이 노아의 방주로 들어
간 것은 신과의 협업이었을까 안경다리가 두 개인 것과 같은

이치일까 상대라는 말은 누가 발명했을까

　별들을 세어 본다
　짝이 맞지 않는 하나가 유성으로 흐른다
　처음 출발점으로 돌아가 다시 맞추어도
　잠시 그런 건지 영원히 그럴 건지 구분이 되지 않아

　달맞이꽃이 낮에서 밤으로 이사 온 것을 본 후
　가끔 생각나는 일이다

굴절

퍼지지 않은 굴절이 있다면 한번 보시겠어요
프리즘으로 만든 무지개 길이를 측량도 할 겸 말이죠
남아 있는 굴절이 아직 많이 있습니다

일직선은 대개 채굴된 굴절을 펴놓은 것들입니다
내게는 엉뚱한 바람이 하나 있어요
신기루를 한번 보았으면 하는

여기에서 저기까지는 일직선의 사이입니다 사이란 안쪽도
바깥쪽도 포함되니까요 자, 미터, 피트로 사이를 계량합니다
결국 굴절을 편 값이지요 굴절이 퍼지지 않으면 경계면들은
모두 제 무늬를 바꾸죠

스핑크스가 지키는 피라미드의 굴절각도 51.7
사과의 당도 12브릭스
면허시험장의 굴절코스
굴절의 각도와 계량하는 방법도 고대와 현대는 물론 다르죠
피라미드에 12브릭스 사과를 넣었다 해도

도굴꾼이 다 채굴해 갔을 테니까요

눈물이 앞을 가리면 눈앞에 있는 사람의 얼굴이 일그러지고
길바닥이 일렁거릴 거예요 고인 눈물이 무늬입니다 신기루와
같은 것일 거예요

첫 면허시험에서 굴절코스를 통과했지만 보기 좋게 떨어졌
어요 그후로도 얼마나 많은 사람들이 떨어졌을까요 그래서 말
이죠, 펴지 못할 굴절이면
구겨야 한다는 속설이 생겼답니다

그 뒤에 내가 서 있어

바람이 섞이지 않은 것은 정말 무거워

첫눈에 지붕이 무너졌어
폭설의 무게는 어느 방향으로 녹을지를 생각하게 해

말뚝이 박혀 있어 엉거주춤한 자세는 바람이나 방향을 파묻
으려 했던 흔적일 거야 한쪽 끝에 숨겨놓은 춤사위가 보이지
않니 나는 말뚝에 싹이 돋기를 기대해

나는 가끔 폭설에 갇히는 상상을 한다고 말했을 때 사람들
은 기가 찬다는 표정으로 책상 위 비상구 위치나 잘 그려두라
고 비웃기만 해

가짜뉴스들이 제멋대로 돌아다니고 있어 얘들은 시계 반대
방향이든 아니든 상관없이 말뚝을 박아버리더라 사람이 한주
먹으로 쥘 수 있는 양은 정해져 있는데

잠시 눈의 무게감으로도 커다란 바위가 감정 깊숙이 자리를

잡을 수 있잖아 그러면 감정은 두고 다닐 수밖에 가벼운 외출
엔 감정을 데리고 다니지 않으니까

  다시 눈이 내리면 한주먹 쥐고 바람을 부를 거야 손이 시리
겠지 손이 시리다는 것은 손안의 것들이 다 사라지는 일이잖아

  놀라지 않고 서 있기도 쉽지 않아

등 돌린 집들

그때 내가 살던 집이 기찻길 옆이었어
집이 들뜨고 있었어
차창이 달리는 집이었어
가는 소리와 오는 소리 어느 쪽에 마음을 얹고 살았는지 모
르겠어
그러느라 마음에 솜털이 돋기도 했어

소리의 구실에 대해 기차는 구설수를 퍼뜨렸지만 한밤중에
는 오는 기차가 가는 소리로 들리기도 했어 12량 기차가 어느
날은 무정차로 악몽을 지나가기도 했어 그럴 때면 온 마음의
솜털이 쭈뼛 일어서기도 했지 왕래의 방향은 결국 선로가 정
하는 것 같아 지나온 선로와 갈 곳의 선로만 볼 수 있는 기차를
타보고서야 알게 되었지

선로 옆, 집들은 왜 돌아앉아 있을까
돌아앉은 풍경에는 제라늄이 붉어
뒷창을 내는 사람들의 상상적 습관이지
같은 색의 소리라도

돌아앉은 소리와 마주 보는 소리는 다르잖아
붉은 소리든 상상적 소리든

그때 나는 그 들뜬 집에서
몸에 붉은 꽃잎이 자라나는 것 같았어

눈치

달걀껍데기 위를 걸어 보았어
가만히 있어도 빛나는 별을 기대하면서

쇼윈도에 비치는 나를 보는 눈과는 달라 상대방이 모르게
보는 시선을 가져야 하잖아 눈치를 보는 눈은 따로 있을걸 그
런데 그런 눈치를 눈치채는 눈도 각자 따로 가지고 있다고 생
각해

'walk on eggshells' 들어본 적 있어?
눈치 본다는 말이야

심해어는 눈이 네 개인 종과 눈이 아예 없는 종도 있어 표정
이 필요한 종과 필요 없는 차이이지 몸의 검은 반점이 자라면
서 그 반점 속으로 사라지는 물고기도 있는데 물속에서는 급
히 숨어야 할 때가 있지 않겠어 급선회는 방어적 자세 중 최적
일 테니까 네 개의 눈으로 살다가 하나도 필요 없는 곳으로 나
가야 할 때도 있고 하나도 없이 살다가 네 개로 살아야 하는
응급상황도 있을 거잖아

눈치는 몇 개쯤 있어야 할까 어쨌든 속도는 빨라야 해 없는 눈으로 누구 뒤에 숨는 것보다 바닥으로 깊숙이 파고들며 목구멍으로 수명을 삼키는 게 더 낫지 않겠어 눈치라는 물고기 위턱이 아래턱보다 길다는데 이건 눈치의 방향이 아래라는 반증이긴 하지만, 가장 좋은 방향은 안쪽 아닐까

송사리를 눈치라고 부르는 동네에서는 아무 데서나 눈치를 보는 것 같더라 달걀껍데기가 여러 근데 널려 있었거든 눈치를 수족관에 집어넣고 키우는 1년 동안 나와 나의 눈치는 키가 10센티나 더 커버렸지 뭐야

그래도 가만있어도 빛나는 별은 아직 기대 중이야
그 감정 사이를 보는 눈은 또 따로 있겠지만

빨래방 옆 빨래방

주인이 같은 사람일까
빨래방 옆에 빨래방이 또 생겼다
결국 먼저 생긴 가게가 문을 닫았다

문을 닫는다는 것
도비왈라였던 라홀 씨에게는 인도를 떠나는 일이었다
그는 소위 내려받은 천품이었다

이 나라에서는 세탁기가 빨래를 하네
습성대로 빨래하러 온 라홀 씨
세탁기를 열며 트렁크에 딸려 온 등급을 상기한다
나는 어느 세탁기인가
그에게도 문이 있었다
천품을 빠져나와 얻은 도로공사 막일이다

　라홀 씨는 직업을 알선해 주는 곳이 있다는 사실에 놀랐다
직업이란 전생에 배워 후생에 써먹는 일이라 생각했었다 귀
한 직업이란 천한 직업에서 얻은 숙련이라고 믿었던 그는 너

무 많은 전생과 후생을 번갈아 쓰는 것 같아 혼란스럽다

불현듯
태어나서 한 일이라고는
머리 위에 터번 하나 얹은 것밖에 없구나!
나는 어떤 세탁기인가
먹이를 던지면 모여드는 붕어 떼처럼
생각이 빨래방 바닥에 모였다 흩어졌다 한다

정말로 주인이 같은 사람일까

포장이사

무리에서 이탈한 어린 측백나무 하나 풀숲에 있다

박주가리 넝쿨이 아무도 돌보지 않는 어린 측백나무를 어디론가 옮기려 칭칭 포장하고 있다 봄에서 여름까지 여름에서 다시 가을까지 염려증처럼 매듭지은 곳에 또 매듭을 지으며 너무 촘촘하게 엮고 있다

지난해에는 목련 고목 하나 포장해 가는 것을 보았다 웃자란 가지 잘라내고 뿌리도 간간 자르고 단출하게 만들어 이사시켰다 목련 이사 간 자리에 커다란 구덩이가 남았다

산골 외통길 확장하는 데 걸림돌은 땅속 큰 돌덩이가 아니라 치우지 않은 크리스마스트리 장식 같은 측백나무 무리였다 마을 사람들은 치우는 방법을 결정하려 했지만 쉽지 않아 500원짜리 동전 던지기를 했다

숫자가 나오면 댕경댕경 잘라 화목으로 쓰자
학이 나오면 목련처럼 포장이사 시키자

던질 사람을 결정하지 못해 도로 확장공사는 해를 넘긴다
그사이 어린 측백나무 하나 풀숲으로 달아나고
참지 못한 박주가리 넝쿨은 다시 포장이사를 결심한 거지

확장공사는 첫 번째 다리부터 시작할지
측백나무 무리부터 시작할지 모른다는데
나는 어떻게 하면 동전을 눕히지 않고 세울 수 있을까를 생
각한다

구덩이는 목련 하나면 되었다
모든 변명들이 가을에서 겨울까지 다시 봄까지 거기 수북해
졌다

앞서가는 것들

나는 나와 동일한 속도지만
어느 땐 나보다 먼저 앞서가는 속도를
꽉 잡은 적이 많아요.

가령, 긴 에스컬레이터를 빠져나가다 보면
내 손은 앞서가는 손잡이를 고쳐 잡기도 해요.

꽉 움켜잡는다는 것 너무 소박하지 않나요.
겨우 한 줌이잖아요.

그렇지만 움켜쥔다는 것은
나보다 속도가 빠른 것을 내 옆에 두려는 것이죠.
내가 원하는 일들은 늘 나보다 속도가 빠르니까요.

손톱을 깎을 때면 손가락을 쫙 펴지요.
손톱이 자라는 것은 내가 자라는 것일까요,
내 안의 시간이 자라는 것일까요.
깎여 나간 손톱을 보며

할머니는 누구든 날카로울 때가 있다고 했어요.
오늘 밤 저 달이 베어낸 것은
유난히 까맣네요.

미친 모자 장수는,

네가 만약 시간이랑 사이좋게 지내면 시간은 네가 바라는 대로 시계를 맞춰줄 거야*라고 말하지만, 이상한 나라의 앨리스를 만나지 못한 나는 시간과 친해질 시간이 없어서 손톱이 늘 빨리 자란답니다.

무엇이든 내 속도에 맞추려면
한 번쯤 고쳐잡기도 해야 하고 잘라내기도 해야 해요.

---

*『이상한 나라의 앨리스』에 나오는 미친 모자 장수의 말.

서북쪽으로 밀리는

나는 나무를 그릴 때 뿌리를 그리지 않는 버릇이 있다

땅이 도면보다 모자란다는 소문
모자란다는 것은 뿌리를 서북쪽으로 두었다는 것
실선 하나에는 지각변동이 숨어 있다
무너지지 않는 서북쪽으로 밀렸으니 다행이다

등기문서에서 50여 평이 날아갔다
땅들이 서로 등을 떠밀었을까
다음날부터 집 앞 계단 네 번째까지 오던 햇볕이
세 번째에서 끊어졌다
집 모퉁이에는 일곱 송이 수선화가 피었는데
어제만 해도 햇살이 일곱 송이 다 비치더니
오늘은 세 송이만 비치고 가버렸다

말할 수 없는 힘이 경계를 밀고 있다
그 방향이 지구 자전 방향과 관계하고 있다면
푸른 모니터가 할아버지 땅을 삼켜버린 힘이다

GPS가 전설의 영향권에 들면서

큰 나무뿌리들은 밤마다 오므라들었다

리투아니아의 전설을 생각한다

신으로부터 받은 재물은 측량하면 종잇조각으로 변한다*는

---

*요정으로부터 받은 재물을 세거나 계산하면 그 재물이 종잇조각으로 변해 버린다는 리투아니아 민간설화 변용.

틈은, 반드시

눈꺼풀 사이에는 눈이 있죠 지금부터 틈이라고 말할 거예요, 그 틈으로 넓은 곳을 보고 있는 거죠 내다볼 때나 들여다볼 때 쓰는 견고한 틈이에요 내다보는 일은 안쪽을 지키자는 뜻이고 들여다보는 일은 안쪽으로 들어가고 싶은 일이죠

잠을 잘 때나 골똘히 생각할 때는 눈을 감아요

오랫동안 틈을 닫은 사람들의 숲속 나라 이야기가 있어요 왕자의 키스로 결말을 지우죠 왕자는 입술에 키스를 했지만 골똘히 생각해 보면 먼저 눈에 키스했을 것 같지 않나요 공주를 깨우는 일은 공주의 틈을 들여다보는 일이잖아요

이 이야기에는 부사가 주인공입니다
키스는 마침표 전에 해야 하는 거죠

모두들 결말이 어떻게 되었는지는 알지만 과정을 궁금해하는 사람은 없어요 나는 이렇게 생각해요 눈을 감는 것은 적절한 때 꿈을 깨기 위해 틈을 닫는 것이구요 입을 닫는 것은 사

랑한다는 말을 절실할 때 하려고 틈을 접는 것이라구요

시치미 떼고 "안녕하세요?"
짐짓 "기다렸어요"
돌연한 말들이 오가는
눈썹같이 생긴 초승달이 뜨는 밤이었을 거에요

앵무새와 부사

우리 집 사람들은
연습 **따위**는 모두 앵무새에게 시켜요
열쇠나 현관 비밀번호 같은 말투를
앵무새의 부리에 걸어놓고 다닙니다

앵무새는 말을 가려 하지 않아요 우리 일상의 시놉시스를
부리에 맡겨놓은 것처럼 툭툭 흉내로 읽어냅니다 아이가 되었
다가 할머니가 되었다가 잔소리가 되기도 해요 구강 구조가 비
슷하거나 같으면 그 어떤 말도 흉내 내는 겁니다 고작이란 부
사가 적절하겠지요

비슷한 것은 흉내 내는 것과 같을 것일까요
나팔꽃과 메꽃 누가 누구의 무리 속에 끼어들고 싶은 걸까요
모른 척해 달라는 것일까요

할머니 보내준 팥 속에 메꽃 씨앗이 섞여 있어요
메꽃 씨앗이 난민 흉내를 내는 겁니다
'나 좀 받아줘'일까요

'모른 척 해달라'는 걸까요

이럴 때는 **고작**보다는 **부디**가 적절하겠지요

할머니가 밭에서 메꽃을 몰아냈어요

난민 난파선이 과적으로 침몰했다고 합니다

이때 쓸 수 있는 적절한 부사를 찾고 있습니다

산책(散册)

산책이라 말하면
책장 넘기는 소리가 납니다
첫 장에 부추꽃이 가득 피어 있었어요
꽃이란 계절 아니겠어요,
아마 다음에 읽으려고 접어놓은 페이지를 펼치면
까만 부추 씨가 떨어지겠지요

뒷짐을 업고 걸으면 허리가 꼿꼿해진다더군요
그런데 첫발은 왼발이 좋을까요 오른발이 좋을까요
어차피 습관을 데리고 가는 일이라
어느 쪽이든 괜찮을까요

어제는 종일 비가 내렸고 밤새도록 비가 내렸어요
향기도 두툼해졌어요
가끔 물소리도 들렸는데
봄 가뭄 때 읽다가 접어둔 페이지에는
이외의 무엇이 숨어들었을 것 같지 않아요?
이를테면 실뱀장어 같은

저녁 무렵 어둑해지면

모자와 점퍼를 갖춰 입고 부추꽃을 키우러 갑니다

수선화도 라일락도 아니지만

모든 책의 시작은 문을 여는 것으로 시작하잖아요

부추꽃이 너무 하얘서

손때묻은 책이 필요해요

당신과의 산책길이 너무 필요해서요

새들은 다리를 언제 쓸까

뱀이 진화해서 새가 되었다는 증거가 새들의 종아리에 비늘로 남아 있다 한다. 차마 날개까지는 기어오르지 못한 뱀이 발목에서 머무른 시간은 또 얼마였을까.

깃털이 비늘처럼 겹쳐진 것이 날개 같지 않아?

내게도 날개가 있었고
나의 비늘은 고작 종아리를 벗어나지 못하고
기는 방식을 지킨 뱀과
결국 날아오른 뱀 사이의 흔적일까

사람의 날개 흔적을 구전에서 찾았다 장수가 태어난다는 예언이 나돌면 꼭 동방박사들이 찾아가 맷돌로 지긋이 눌러버렸대 사람의 날개에는 맷돌이 달려 있어서 날개의 습성이 콱 눌려진 것 같지?

팔을 휘저을 때나
겨드랑이를 흔들 때마다 보이던 깃털

새들의 다리에는
새를 잡아먹는 뱀이 날개를 향해
몇억 년이나 오르고 또 오를까

생물 교과서에는 그리움은 없고
믿기지 않는 우연의 연속을 진화라고 말한다

새들이 죽음을 맞을 때는 다리를 쓸 것 같지 않아?

60초 후, 딱따구리처럼

〈쇼생크 탈출〉이 방영되고 있다
주인공이 오픈카를 타고 멕시코로 향하는 장면에서
'60초 광고 후 계속됩니다' 자막이 뜬다

채널이 존재하는 것은 고정을 위한 것입니다
셰르파가 지고 가는 짐은 셰르파의 것이 아니지요
인간의 힐링 로드에 와서 부딪히는 새들
딱따구리가 나무를 쫄 때 받는 압력 1/1000에도 대부분의
새는 죽습니다

그들에게 채널이 고정될까요
한때 지구상의 인구보다 많던 나그네비둘기는
통조림 속에서 이불과 베개 속에서
채널이 종영되었습니다

그래도 새들을 소홀히 보는 것은 금기입니다
쇠부리딱다구리 한 쌍이 디스커버리호 외부 탱크 단열재에
구멍을 뚫어 발사를 연기시켰으니까요

달에 두고 온 깃털은 과묵하여 미동도 않습니다
야생은 그렇게 입이 참 무겁습니다

1분에 천 번이나 쪼아도
목이 부러질 염려가 없는 딱따구리처럼
종들은 각각의 예리한 서명이 필요한 시대입니다

60초 동안의 광고를 걷어내면
남은 야생 3퍼센트는 이따금 늘어날까요
투명과 불투명은 어느 쪽이 먼저 멸종할까요

채널은 다시 〈쇼생크 탈출〉을 방영하고
60초 광고 후 여전히 그 영화를 보고 있는

무더운 피

첫마디는 늘 '어디야?'

어디를 사회과부도로 익히면서 남북 회귀선 사이는 축하할 일 없는 사막이겠네, 했어요 어디든 갈 수 있게 되었을 때 제일 먼저 거기, 남북 회귀선 사이에 가보고 싶었어요 사막 이쪽 끝에서 저쪽 끝으로 커다란 생일초를 켜보고 싶었어요 친한 사람들 생일이 겨울에 많아서 늘 짧았었거든요

계절이 늘 반소매인 나라 사람들 피는 회귀선 위쪽 사람들보다 덥겠죠 그들에게는 소나기와 코끼리 중 어느 게 더 필요할까요 어디에는 소나기가 하찮을지 모르지만 코끼리보단 소나기를 경배하는 사람들이 더 많다는군요

체온은 36.5도
무더운 피는 습도가 높다죠
아이스크림케이크를 주문하는 게 좋을 것 같죠?
혀끝에 달달한 맛이 오랫동안 머물러야 할 텐데요

어디야, 라고 묻는 것은 어디서든 코끼리를 타고서 두리안
과 잭플루트를 편애하고 놀면서 "아무 일 없지?", "괜찮아?" 하
는 것

거기서도 새들은
자기 이름을 울음으로 노래할까요

찬물이 식는 동안

어떤 냉대도 견디면 온기가 돌 거라 하더군요
그러면 냉소가 식으면 파안대소가 되는 걸까요

찬물 한 컵 떠다 놓고 잠이 듭니다
찬바람 새어 들어오던 창가
머리맡이 식는 동안 찬물도 식었습니다

세상의 모든 극점에는 반환점이 있습니다
극점과 반환점의 공통점은
표지석으로 존재한다는 것이죠
순도 99.3 슬픔은 식히지 못해 아직 끼고 있습니다

미지근하게 식은 물을 마십니다
밤이 식어서 아침입니다

제2부

교차

어느 날 전철을 타고 한강철교를 지나가는 중이었다 반대편
에서 KTX가 달려오고 있었다 쇳덩이로 만든 다리에서 쇳덩어
리들이 가속으로 교차하는 순간 출렁이는 한강 물이 잠시 사
라졌다 노을도 사라졌다

"두 기차의 길이는 모두 200미터이다 시속 80킬로미터로 달
리는 기차와 시속 120킬로미터로 달리는 기차가 반대 방향으
로 달릴 때 두 기차가 겹치는 시간을 구하라"
그런 방정식 풀던 때가 있었다
정답은 7.2
답을 구하는 시간이 7.2보다 긴 것은 사라진 노을이 아름다
워서일 것

엊그제 먼저 간 친구와 함께했던 37년 동안 교차 지점은 얼
마 동안이었을까 각자의 식을 세우고 시간을 구하는 동안 우
리가 목격한 것은 무엇이었을까 그때마다 사라진 것은 노을이
었을까 빗겨 간 마음이었을까

파 냄새

파를 많이 썰어 홍건해진 냄새였다
도시가스가 새는 게 아니었다

최루가스가 한창일 때는 서울농과대학이 수원에 있었다 우
리 집이 그 근처에 있었는데 어느 해에는 실습장이 온통 파밭
인 양 최루가스가 매웠다 실습장 가는 길에는 함성이 들썩거
리고 모퉁이를 돌 때면 돌이 날아다녔다

그해엔 파를 참 많이 썰었다 사람들은 매운맛만 이야기하였
지 냄새에 대해서는 이야기하지 않았다

파 냄새는
육교에
골목에
보도블록 깨진 인도에
끈적거릴 만큼 다 끈적거린 후 칼을 칼집에 꽂았다 안식년
이 되면 칼끝에 안전하게 모아놓으라는 당부가 있었다

그때 챙겨 다니던 손수건 모서리 한쪽에
파 냄새를 눈물 나게 접어두었다

파 냄새는 지그시 참아온 냄새였고
최루가스 냄새는 지독하게 참으라는 강요 같았다

날짜변경선

허리케인 '도라'는 날짜변경선을 넘어와 태풍 '도라'가 되었지요 날짜변경선은 이름을 바꾸는 작명소죠

친구 '김주안'은 미국으로 이민 가서 '조앤 킴'으로 이름을 바꾸더니 미국 남자와 결혼하여 '조앤 밀러'가 되었어요

날짜변경선을 지나면 사과는 애플이 됩니다 초록이 빨강이 되는 시간도 있을 텐데요 누구 째깍거리는 소리를 들은 사람 있어요? 시간을 그리려면 사과 모양으로 그리면 될 것 같아요

그동안 시간은 주욱 직선을 그려왔어요 왕복하는 데 많은 시간이 걸렸고 사과처럼 초록이 빨강으로 가지 못한 시간도 있어요 끝을 살짝 구부리면 사과 모양의 와삭거리는 시간이 될 수 있을까요

초모랑마 봉 산정에 걸려 있던 시계가 하이난 바다로 떨어져도 시간이 변하지 않는 것은 날짜변경선이 없기 때문이에요 동쪽과 서쪽이 구별될 수 있는지 모르겠어요 아침과 저녁이

모호하지 않을까요

　날짜변경선 근처에선 기도의 내용도 다를 거예요 사과처럼
신맛이다가 또 단맛일 때도 있을 걸요 유난히 손아귀 힘이 세
던 삼촌은 사과를 반쪽 내듯 시간을 반쪽내기도 했어요

　삼촌 기도는 신맛이었을까요
　단맛이었을까요

안녕하세요

시 한 구절이 찾아왔다

소리 내어 읽다가 분명 머리맡에 두었는데
아침에 일어나니 머리맡이 사라지고
난처한 시만 남아 있었다

잠 끝에는 유의미가 무의미가 될 때가 있다
외우고 외우는 일은 혀가 기억에게 부탁하는 일일까

예치해 놓은 머리맡을 찾으러 간다
긴 번호들을 기다린다
누군가와 눈 마주쳐 웃었지만, 누군지 기억이 안 난다
안개 속의 행렬 같다

이럴 때, 안녕하세요는
가장 발랄한 어법
기억나지 않아 머뭇거리는 일도 혀가 하는 일?
기억하는 일과 잊어버리는 일은 왜 같이 있을까

아는 얼굴은 어디 있을까
사라진 머리맡은 또 어디 있을까

모른다는 것을 아는 것은 선물이라지만
모른다는 것도 아는 것의 선물일까
아는 번호를 부르는 소리가 들렸다
일어서는 시는 없었다.

열 번을 더 생각해도 맴돌기만 하는 이름
혀끝에 소용돌이가 있다

그러면, Fe

철없는 꽃
아직 1월인데 매화가 피었다
철이 없으니 녹슬지도 않겠다

어머니는 부엌에서 늘 무쇠 칼을 쓰셨지 나는 쇳물을 부어
만들지 않았으니 무쇠 칼이란 없는 칼이라 했고 싸고 좋은 것
은 없는 법인데 싸고 좋은 칼이 있겠니 역정을 내면서도 길이
들 때까지 들기름을 바르고 바르셨다

마징가Z 무쇠 팔 무쇠 다리는 들기름을 얼마나 발랐을까

철이 들지 않은 사람들이 시를 쓴다
시인만을 위한 기운 센 천하장사가 되려면
들기름은 가벼워야 해

몸속에 철이 가득 차는 계절이 오면 철없이 핀 꽃들이 몸 안
으로 들어오겠네 그러면 그때는 시를 저기 화성으로 보내자
우리의 마징가Z 거기 있겠지

잼 만들기

딸기잼을 만든다
서로 모여 치밀해지는 것과 당도는 무슨 관계일까

"나무 주걱을 사용할 것" 레시피에 쓰여 있다 뭉그러진 딸기의 증언들이 모여든다 당도와 관계가 있을 거야, 병에 담아 식탁에 거꾸로 세웠더니 경계 같은 빈 곳이 생겨났다 망원경을 거꾸로 볼 때 생기는 빛의 동굴같이 잘 졸여진 진공일 거야 잼 병의 물구나무 자세는 몇 브릭스쯤 될까 식탁 주위에 으깨진 말들이 뭉쳐 있다 잼을 만들 수 있을까? 연동할 증언의 의미들을 잘 졸여야 해 금속성 수저를 사용하라는 레시피대로 shift 키를 적절히 사용해야 해 당도를 올려야 할 시점이지 그런 다음 재빨리 물구나무자세를 취해야 해 진공은 속도와 무관하지 않아 오래 숨을 참으면 내 몸에도 빈 곳이 생겨나는데 나의 진공률은 몇 퍼센트쯤 될까

기술한 증언들의 레시피를 제출하고
각자의 잼을 들고
각자의 집으로 돌아가시오

지문

꼭 혼자서만 따로 도는 무늬가 있다.

호박잎은 제 무늬를 끌어당겨 지주대에 걸었다.
덩굴손은 늘 옆으로만 뻗었다가 언제부터인가 위로 오르는
것이 자연스럽게 되었다.
여름내 기어오르는 무성한 무늬는
호박의 지문이 될까.

아버지는 주민증을 잃고 갱신할 때 지문을 잃었다고 했다.
왜 지문은 갱신이 되지 않는지 주민센터 직원에게 물어보았
다고 했다.
너무 많이 넘어지지 않았냐고 직원이 되묻더라 하시며 내가
그렇게 많이 넘어졌니
내게 되물었다.

나는 무인 민원실에 가면 지문을 잃는다.
벼락치기 시험공부 하던 습성은
엉뚱한 범위를 공부하여 F를 받는 꿈을 꾸게 한다.

F의 무늬가 민원실까지 따라간 것
아버지 대신 지문의 불갱신성 습성을 연구해 볼 일이다.

지주대 같은 무인 민원기계 위엔
'인간의 무늬가 닳아 없어지는 것은 자연스러운 일이다'라
는 주의 사항이 걸려 있었다.

가을,
마른 강에 가면 여름에 흘렀던 지문이 보인다.
그 무늬에 귀를 대면 물 흐르는 소리 들릴 것 같다.

너는 어떻게 부드러워지니?

골목엔 지정과 비지정이라는 히스테릭한 규정이 있어

차와 차 사이, 차와 담 사이
끼어 있는 깻잎 한 장

나는 키보드와 상상력 사이를 좋아해 틈 사이에 두꺼운 이
야기를 얇은 문장으로 배치한다든지 또는 물기 뚝뚝 떨어지
는 직유를 몇 볼트의 전기가 묻은 자판으로 식자하는 일 같은

이상해
자꾸 부딪히는 글자들을 모았는데
주차된 문장이 왕창 구겨질 때가 있어
알다시피 문자는 구겨지지 않아 다만
기술(記述)의 방식을 구기고 펴는 것은 실력이라 하지

편파적 백미러를 믿은 것이 잘못이었어
모든 장소는 선점으로 반듯해지거나 삐뚤어지는 것을 알아
야 해

흰 천을 덮어놓은 궁금증을 휙 걷어버린 듯한
지정된 장소들과 사이, 그 사이들

남은 글자들로 식탁을 차리려고 고기를 샀어 고깃집 주인
이 쌈을 먹을 때 깻잎을 뒤집어 먹으면 부드럽다고 했어

사이와 사이가 부드러워져야 하니 아니면 사이들이 부드러
워져야 하는 거니

뒤집지 않은 한쪽은 지정일까 비지정일까
부드러움은 어느 쪽이든 다 배울 수 있어야 하잖아
그러니, 중간쯤이라 말하면 곤란해
한쪽은 다른 한쪽을 규정하니까

다이어트

사이콜로지 식사법에는 무엇보다 가벼움에 대한 경외심을 가져야 한다는 경고문이 첨부되어 있죠.

사람들 그림자는 저울 같지만
그림자는 무게가 없는 듯 보입니다.

가벼움의 추종자들은 무게를 저울에 맡기고 어떻게 해야 번번이 질 수 있는지 고민합니다.

어떤 바람도 그림자를 날게 하지는 못합니다.

나의 밝기를 옮기려 해요. 그런데 자꾸 그늘만 쌓여가죠. 체중은 유령의 성질을 지녔어요.

배고픔을 속이려고 물을 들이켤 때가 있었음을 고백합니다. 그 간절하던 무게들은 다 어디로 간 것일까요.

'배부르다' '배고프다' 중 어느 쪽이 속이기 쉬울까요. 어느 쪽이든 잘 속이려면 주먹을 꽉 쥐어야 해요.

주먹을 쥘 때마다 침이 흐르고 침을 삼킬 때마다 금단의 식단이 손톱 위에 자라났어요.

빨간 눈금이 유령의 무게로 부르르 떨게 될 때면 그림자도 날 수 있을 거예요.

손톱을 깎은 후
우리 그림자만큼 가벼운 주름치마를 사러 가요.

인디언 감자

가끔 높은 데서 떨어지는 꿈을 꾼다
어머니는 키가 크느라 그런다 했지만
지금은 왜일까요

지하철역에서 삼포냐를 연주하는 사람을 보았어요 안데스에서 지하철까지 그가 느끼는 고도는 얼마쯤일까요 또 그만큼의 낮은 해발의 차이를 체험할까요 그가 정말 고도가 높은 사람이라면 그의 노래는 독수리의 활공 그 한계점까지 날아올라갈 거에요

횡성 오일장에서 노부부가 그런 감자를 팔고 있었어요 높은 데서 살던 감자의 생존을 의문하면서 한 바가지 사 왔어요 떨어지는 꿈을 꾼 다음 날 서둘러 심었어요 감자는 떨어진 다음에야 새싹을 틔우겠지요

온 힘을 다하면 그곳이 곧 중심 아니겠어요?

젊은 안데스 사람을 보았어요 중간을 찾으러 온 사람 같았

어요 그 사람도 노래를 부른다면 한계점에서 내려왔을지 궁금해요 보름이 지나도 싹이 나오지 않는 감자 아직 중간을 배우는 중이라 생각해요 그런데 인디언 감자가 싹이 나고 잎이 나고 감자가 열리면 중간 맛일까요 중심 맛일까요

나는 아직도 떨어지는 중인 것 같아요

상자들

'신의 옥좌는 물 위에 지어졌다'
—코란

붉은 골목 안 아이들 코란 외는 소리가 초록초록하다

신의 목소리를 반드시 아랍어로 들어야 한다면
붉은 먼지들은 초록이라야 하겠다
하산 2세 모스크는 기둥 아래쪽부터 초록이고
알카윈모스크는 지붕도 바닥도 초록이다

썩은 나무에도 초록이 살아 있는 어느 나라에는 초록과 파
랑을 구분하지 않고 혼용하지만 모든 낮의 바탕색은 초록에
가깝고 낮이 긴 날들이 모여 여름이 되고 여름이 길게 이어지
는 골목이 만 개나 되는 페스, 메디나 문 바깥벽은 학자의 잉
크 같은 파랑이었고 안쪽 벽은 순교자의 피 같은 초록이었다

안팎 어느 쪽이 더 신성할까
문 앞 자카란다꽃 이파리는 연보랏빛이었고
두고 온 골목은 코란을 담은 상자 같았다

손을 흔들면

벚꽃이라고,
옛날부터 우리 땅에 사는 꽃이라고 아무리 설명을 해도 할
아버지는 꼭 사쿠라라고 했어
꽃잎에 묻은 시간은 날아가는 그림자에 지나지 않은가
꽃 진 자리에 돋아난 푸른 손은 아무도 보지 않잖아
묵묵히 할아버지 제상을 차리는 아버지 손
경건은 흰색일까

마지막까지 눈앞에 있던 것을 잡으려는 듯 할아버지는 허공
으로 손을 저었다
떠나는 사람들은 왜 손을 흔들까, 마치 북서풍처럼

사람이 사람을 채우는 것이 뜻이라면
그 뜻이 굳어지고 낡아져서 없어질 지경에 이르면
경건은 남아 있을까

아직 배웅의 뜻을 모르는 아이가 손을 내밀자
꽃잎이 소르르 내려앉는다

보상마을 미스터 제페토

미스터 제페토,
그는 우산 만들 때가 아니면 양복을 입지 않습니다

감색은 날아가기 좋은 색입니다 날아간다고 다 날개가 있
는 것은 아니지요 날개가 데려간 올들이 소매 끝에 풀려 있습
니다 모든 옷들은 소매에서부터 달아나기 시작하니까요

이층버스가 주차장에 들어섭니다 미스터 제페토는 자리를
잡고 앉습니다 '니하오'와 '안녕하세요'를 가려 말하는 것은
움푹한 의자의 습관입니다

보상마을* 우산 꼭지와 피노키오의 코는 어떤 관계가 있을
까요 미스터 재페토의 우산이 퍼지려면 피노키오의 코가 작
아져야 하는지 길어져야 하는지는 누구도 알 수 없다네요

지구 저쪽에는 다른 미스터 제페토들의 또 다른 소매가 있
을 겁니다 그들의 피노키오와 우산은 나무먼지축제의 안내서
를 배포하고 있을 겁니다

소매가 해지는 것은 그들이 만든 최초의 우산 끝에서 보풀이 풀리던 물방울을 기억하는 방법입니다

　나무 먼지들이 참을 수 없는 나무는 없으니까요

---

*태국 치앙마이 근처 우산 만드는 마을. 우산 뼈대와 꼭지는 모두 나무를 사용, 철저히 분업화되어 있다.

페이지

하늘에도 무게중심이 있을 겁니다
그렇지 않다면 왜 지구가 쉬지 않고 둘레의 비위를 맞추려
빙빙 돕니까

정오가 꼭짓점일까요
자정이 꼭짓점일까요

기차가 달리기 전 옛날에는 말이죠 시간은 책이 아니었을
거예요 마을마다 둥구나무 음영에 따라 정오를 정했겠지요 해
거름 후에도 자정을 정했을까요 까맣다고 나누지 못하는 건
아니지만 무게중심은 오히려 밤이 더 필요했을지 모르는 일이
잖아요 일어날 시간을 가늠해야 하니 말이죠

페이지 숫자를 꾹꾹 눌러 쓸 때 어둠이 좀 말랑말랑했을까
요 선로가 동네를 이어가면서 정오는 일정해지고 자정도 볼
수 있게 되었을 거예요

하늘을 넘기는 것과 나누는 것

어느 것이 더 쉬운지는 잘 모르겠지만
며칠 전 급히 세상을 떠난 친구는 알았나 봅니다
선로에 귀를 대보았을까요?

갓 태어난 아이의 정오와 자정은 보채는 시간일까요

그런데 무게중심과 꼭짓점과 극점은 서로 다를까요
때때로 공중의 무게중심이 이동하는 것은
열매들이 하는 일일까요
아니면 새의 깃털일까요

호두나무 소식

호두나무를 심고 백석 시집을 읽었습니다 이파리들 사이로 하늘만 올려다본 지 여러 해 되었습니다 처음 오셨을 때 본 그 호두나무입니다 기다리는 것이려니 했는데 놓친 것이었습니다 열매 놓친 자리를 하나씩 달력 맨 마지막 칸에 그려 넣습니다 호두의 감정은 날아가지 않도록 뿌리 근처로 보냅니다 열매들 공중부양력은 연습으로 익히는 것이 아닙니다 잎사귀만 무성했던 성 밖 무화과나무가 뿌리부터 말라버린 이야기는 널리 알려져 있습니다만 호두의 감정은 지극히 개인사적이어서 빈자리의 안녕을 묻는 일은 거의 없습니다 아이들이 앉았던 책상 빈자리에는 꽃이 놓여 있습니다 저 빈자리는 참 다른 풍경입니다 호두꽃을 본 적이 없어 꽃자리는 그리지 않습니다 꽃들의 반란을 기대하고 있습니다

신경외과 병동에서 한 달을 지내고 왔습니다 밤이 모자라도록 꿈을 꾸었습니다 배가 고파지는 이야기는 따로 있어서 말하는 일이 쉽지 않았습니다 집에 와서 감나무를 심었습니다 날짜를 찢는 일은 빈자리의 슬픔 같지만 꽃을 놓기도 기도를 하기도 네모 칸은 너무 지루해서입니다 종소리 같은 감꽃

이 피면 목걸이를 만들어 호두나무에 걸어주려 했습니다 그
해에는 늦은 봄까지 나타샤를 사랑해서 내리던 흰 눈이 폭폭
쌓였었지요 통영 친구가 탱자 한 소쿠리를 보내왔습니다 무
얼 눈치챘던 것일까요 조용하던 감나무가 별안간 고욤 이파
리를 내놓았습니다

　　고욤 이파리의 생뚱맞음과
　　열매들 빈자리와
　　탱자 향기가 찬바람에 다 쓸려가기 전에
　　한번 다녀가시면 좋겠습니다

우리는 모두 혼자 죽는다[*]

내일 등대에 갈 건가요?
잠자리에 들기 전 아이가 말했다
내일은 아냐, 다음에 날씨가 좋으면 꼭 갈 거란다
기분이 좋아진 아이는 희망을 덮고 잠이 들었지만
희망은 뒤척거리거나
제풀에 놀라 자주 깨어나기도 했다

우리 엄마는 세상에 하나뿐이야
그래서 나는 더 이상 자라고 싶지 않아
엄마를 떠나고 싶지 않아
그러나 식탁은 식사를 마치면 곧 자리를 뜨는 곳이었다
때론 나를 관통해 엄마가 떠나기도 하니까

사랑은 바람처럼 여러 가지 모양으로 불어온다

바람이 없을 때 나무는 고요함의 권위를 지닌다 식탁에 앉
아 편지를 쓰다가 등대를 바라보기 위해 일어서서 노래를 부
른다 등대 불빛을 따라 들어온 바람 한 줄기 헐렁한 집안을

돌아다닌다 식탁에 놓인 사과를 하얗게 바래게 하고 이젤 위
그림을 만져보고 읽고 있던 책장을 넘기고 다락문을 열었다
가 닫는다

아이들이 왜 등대로 가고 싶은지 알고 싶어 등대로 갔다
등대에 닿았을 때
등대는 집으로 돌아갈 시간이 되었다고 말했다

물결 저 너머에 다른 섬이 있었고
다른 등대도 있었다
물결도 바람을 따라 여러 모양이었다

<hr>

*버지니아 울프의 『등대로』에서 원용.

집중

파꽃이 피었다
겨울 지난 첫 꽃이다

필 듯 필 듯 피지 않는 아이는
파꽃이 없는 집에 산다

꽃이 지고 까만 파씨가 여물 때까지
집착이라 명명한다
코를 톡 쏘는 맛,
눈과 코가 같이 맛보면 좋을 텐데

아이는 눈물 나게 쑥 컸다
전전긍긍한 것들이 키운 아이의 키
파꽃 사이 마른 겉잎들
그들 속에 한숨 근심이 숨어 있다

파는
속이 텅 비어서 속 편한 식물일까

제3부

수요일 물요일

통영에는 북청 물장수가 없었다

주전골 깊은 우물에서 매일 새벽 길어 올린 어머니 물동이
는 물 한 방울 흘리지 않았지만 반쯤 채운 내 물동이는 나보
다 더 출렁거렸다

나는 물보다 작았고 어머니는 물보다 높았다

세상 만물의 높이들을 다 물에서부터 재는 것은 언제부터
였을까 남동생이 나보다 키가 더 커졌을 때 내 연필심이 자꾸
부러졌다 물이 거꾸로 흐르는 것 같아 우울했다 군소리 말라
는 할머니 일침에 나의 물요일은 빙점을 맞았다

유일하게 얼지 않는 물을 보관하는 나무들의 겨울은 내내
수요일이다 수요일은 말하자면 나무들의 집회 요일 같다

예쁜 엄마

압화 한 송이가 책갈피를 들춰냈어요

가장 예뻤던 날
물기와 몸피를 글자들에게 물려주었어요
그 후로 다른 책은 대여하지 않았어요
내내 물기 먹은 글자들을 읽고 또 읽었죠
몇 번이고 읽은 페이지에 그은 밑줄과
틈틈이 써넣은 쪽지 글이
이야기를 더 얄팍하게 만들었어요

다시 읽으려구요,
물기와 몸피 빠진 부분까지 빼내어 읽으려면
기억의 어디쯤 도달해야 할지 아는 사람이 없습니다
그래요, 다 읽지 못하고 나는 엄마가 되었어요
바람이 꽃잎 페이지에 닿았어요
겹겹의 꽃잎 자리에
나보다 어린 엄마가 차곡차곡 겹쳐졌어요

세상에 들었던 꽃이

그냥 예쁜 채로 남아 있으려면 말이죠

나보다 어린 엄마가 있으면 되는 것을 알려드리고 싶어요

압화 한 송이가 읽어낸 책과

내가 마저 읽으려는 책이 같으면 좋겠어요

목차에 문득 예쁜 엄마 얼굴이 바삭 말라 있어

다음 페이지 넘기기가 어려워요

오래된 것들 부피가 빠져나가면

어느 것이라도 납작해지지 않겠어요

축축한 손이 무척 그리워요

전부와 많음

툭,
도토리가 떨어진다

전부를 껍질 안에 넣은 도토리
떨어지는 소리는 고작
바깥에서
툭, 뿐이었다

컴퍼스로 동그라미를 그리고 생활계획표를 만들 때
동그라미 바깥은 골목에서 노는 시간

옛적 이스라엘에 전부가 떨어지는 소리가 있었다 가난한 과
부의 두 렙돈*이었다 도토리 소리만큼 짧았다 성전 입구 13개
연보궤에 백성들은 성전세를 넣었다 다시 꺼내지 못하게 나팔
모양으로 만들었다

두 렙돈은 고작 달그락이었고
바리새 부자들 소리는 크고 길어 좌르르르 했다

도토리에서 동그라미가 빠져나왔다 안에 두었던 전부를 바깥에 다 내어준다 새가 날아드는 그늘이 청설모 먹이가 되는 게 바깥의 전부였다

남길 게 남아 있던 바리새 부자들 소리는
바깥으로 나오는 것이 없었다

에디슨은 축음기를 발명하면서
소리통을 왜 나팔 모양으로 했을까
아무런 소리도 나지 않는
왜 나팔꽃 모양이었을까

---

*렙돈: 고대 이스라엘 화폐 최소단위(노동자 일일 품삯 1/128로서 우리 화폐 1200원 정도)

자각몽

패러글라이딩과 번지점프 중 어느 것이 더 아찔할까

문장이 날았다
시집은 아주 얇았다

파리가 날아왔어
더 멀리 갈 수 있는 단어를 찾아 날개를 비비고 있어
자판을 두드리는 내 손가락 같아
시가 오지 않아 무릎을 꿇지 못하는 밤이 길어지고

나는 누구와 친해야 할지 몰라 파리채를 찾으러 갔다
오독한 문장들은 잽싸게 사라졌어
숨을 곳이 없을 때는 엎드리면 돼
자각몽이야
그냥 뛰어내려 다치치 않아
나는 계속 중얼거리고

왜 글자에만 골몰해

탐독할 것은 날아다니는 말이잖아

파리채에 피 같은 것이 뭉개져 있어
누군가 피로 시를 썼나 봐
무엇을 적시고 싶었을까

문장 밖에서 또는 문장 안에서
때로는 번지점프를 하고 때로는 패러글라이딩을 하는

발아 프로그램

집 안으로 들어온 날부터 반짝거리며 빛나기 시작했어요
계절도 없이 푸른 사과 모양이거나
작은 반딧불이 모양도 있지요
스위치는 씨앗들을 늘 농익게 해요

전 우주가 씨앗 하나 눈을 뜨게 합니다

씨앗들에게도 계급이 있을까요
평생 빨래만 하는 씨앗, 어둠이 없이도 발아가 되고 뿌리가
없어도 열매가 되는 것들
숫자 모양으로 깜빡거리는 씨앗들이에요
연명은 낡아가는 것이라는 금언의 설명서는 이제 필요가
없지요
처음부터 꽃도 피우지 않았으니 말이죠

잘 익은 복숭아를 사 왔어요

모든 발아는 단맛으로부터 시작됩니다

풀밭으로 던져진 복숭아씨는 낮은 곳으로 돌아가 발아 프로그램이 켜질 거예요

그때 플래시도 터지겠지요

한밤중에도 점멸하는 씨앗들이 있습니다

아이는 달이 작아지는 이유를 묻습니다

노랑 크레용이 다 닳았다고 하면 될까요?

이동 제한

티베트의 겨울입니다

처음부터 사람들 소리를 듣는 귀는
눈표범에겐 없었을 거예요
높은 곳에 사는 사람들은 높은 신을 믿을까요
지구는 위아래가 있을까요

안데스에선 콘도르가 일곱이나 떨어졌어도
페루의 하늘은 아직 남아 있답니다
일곱 콘도르 중 한 마리는
티베트 사자의 서에 기록되려고
지구를 몇 바퀴나 돌아 하늘을 날아갔답니다
신들도 위아래가 있을까요

눈표범의 시간은
계단 모양인지 뫼비우스 띠 모양인지 모르지만
남은 여섯은 나선형으로 급강하합니다
왠지 불길해요

하난 파차* 신들에게 날개를 던지면 시간은 온전히 숨결을
허락할까요

　사람들은 엘 콘도르 파사를 노래하면서
　가장 높은 새를 생각합니다

---

*하난 파차(Hanan-Pacha): 안데스 원주민이 믿는 천상의 세상.

불온한 식욕

읽다 만 책들이 책상에 놓여 있다
아직 중간에 도달하지 못한 몇몇 나무들과 펼쳐 놓으면 어
느 쪽으로든 치우치려는 페이지들 사이에서 낯익은 단어를
골라낸다

Caps Lock 켜진 줄 모르고 자판을 두드리다가
퇴고하지 못한 시가 녹색주의를 받는다

글자들이 쉬는 동안 라면 봉지를 뜯고 물을 끓인다 너무 뜨
거웠다 뜨거운 것이 라면 국물인지 입술인지는 굳이 따지지
않는다 그냥 토스트를 구울 걸 그랬나

글자들도 알맞게 식혀 먹어야 하는 지경에 이르렀다 익숙한
단어들을 걸러냈으니 커서를 끌어와 행을 포개면 그럴듯한 시
가 될 것도 같았지만,

읽지 않은 책을 누일 때처럼 토스트는 쉬울 줄 알았지
키보드와 식욕은 애인이 될 수 있을까 아무것도 쓰지 않으

면 아무 말도 못 하는 식욕만 남게 되잖아 키보드와 식욕 중 누가 더 불온할까

　욕구들은 꼭 욕 같아서 화목이 필요해

새 연

아이들이 연을 날렸다
날아오르고 싶은 아이들은 어디에 묶여 있을까

키 큰 대추나무의 공중과
자두를 맺지 못한 자두꽃이 연 꼬리에 달려 있어요
공중에도 찾아보면 가장자리는 있어요

날아오르는 무한연습에는
연과 얼레가 멀어질수록 중간의 실을 잊어버린대요
잡아끌던 실이 전선에 감기고
연은 이제 주제를 펄럭이는 걸로 바뀠어요
더 가벼운 형식일 거예요

몇 개의 실뭉치들에 묶여 있는
아이들 말은 통통 탄력성이 기발하지요

새 연을 가지고 아이들이 오는 날
새 눈이 오면 좋겠어요

빗장 2

낙타가 바늘귀로 들어갈 때 열쇠를 본 적 있어?
열쇠 없이도 들어갈 수 있는 곳일걸
아니야, 그렇게 좁은 문은 꼭 잠근 손가락이 있다고 했어

숟가락 꽂혀 있던 빈방을 본 적 있어?
빈방이라면 빗장을 걸지 않아도 되잖아
그래도 꼭 밥 한 그릇만큼 재물이 있다고 그랬어

최초의 자물쇠는 돌아선 마음이었을 거야 숟가락은 잠그는
것 같지만 오히려 기다리라는 신호 같았어

낙타는 여벌의 열쇠를 가지고 있을까 '거리두기'란 불길한
잠금이 생겼어 바늘귀를 잠근 아주 작고 험한 가시야 변덕이
심해서 열쇠를 베끼지 못한다는데 바늘귀를 여는 숟가락이 생
겼어

'음성입니다. 접종 완료 14일이 지났습니다.'
험지의 손가락들이 빗장을 풀 비밀번호들

손

크레파스로 손을 그리다 연한 분홍색이 없어 24색 크레파스를 샀다 연한 분홍색만 따로 팔지 않아 다시 36색, 48색 크레파스를 샀다 무지개에는 없지만 달에서는 가끔 볼 수 있는 연분홍색의 다른 비밀은 피아노에 있다 남아 있는 색으로 피아노를 그린다 검은 건반은 모든 색을, 하얀 건반은 빛을 합쳐 그린다 피아노는 마치 바다 속을 유영하는 한 마리 돌고래 같다

메나헴 프레슬러*의 송어를 듣는다 건반 위에서 연분홍 손이 송어처럼 춤을 춘다 봄날은 꼭 봄에만 시작하는 것이 아니다 음표와 음표 사이로 송어가 춤을 춘다 백 년 후에도 봄날의 송어가 건반 위에서 추는 춤을 볼 수 있을 것이다 나는 거꾸로 가고 있는 시간을 들을 것이다

수학 선생님 손가락은 검지와 중지 첫마디가 두툼했고 연필로만 글을 쓰는 소설가는 엄지손톱이 빠졌었고 시골 동네 떡방앗간 아저씨는 떡을 너무 치대서 손가락이 온통 휘어져 있었고 손이 제일 먼저 늙는다며 엄마는 손 내미는 것을 싫어

했지만

　피아니스트의 손이 없다면 여기는 너무나 삭막하고 상스러워 견딜 수 없을 것이다**

　피아니스트의 봄날이 모니터로 들어왔다

---

*피아니스트.
**"예술이 없는 현실은 너무나 천박하고 상스러워 견딜 수 없을 것이다" 버나드 쇼의 어록 변용.

파리의 저녁

말과 말 사이에 모르는 얼굴이 있고
보이지 않는 손이 있다

비가 부슬거리던 파리의 어느 지하철역에서 남자는 구글
지도를 내게 펴 보였다 삼각 방향표가 어딘지 물었다 모른다
는 대답이 끝나기 직전 말과 말 사이에서 내 휴대폰은 순식간
에 그의 손으로 옮겨졌고 이내 사라졌다

당나귀를 끌고 갈 때 하는 말은
당나귀를 끌고 가고
고양이를 부를 때 하는 말은
고양이를 부른다

어떤 말은 내 것을 고스란히 가져갈 때가 있다
말과 나의 말 사이에
암전과 암막이 두루 있었던 것도 모르고

잃어버려 불편한 것은 휴대폰만이 아니었다 나의 말과 말

사이에도 엿듣는 누가 있는 것 같았다 치명적인 것은 속수무
책의 시간 뒤, 자포자기의 시간을 하나씩 백업해야 한다는 것

　　그날 파리의 저녁
　　비는 사실 내 휴대폰에서부터 시작되었다
　　배경화면이 흐르는 구름이었으니
　　이미 빗방울 싹이 트고 있었던 것이다

　　새 휴대폰을 사서
　　배경화면에 노랗게 익은 레몬 그림을 넣었다

사각의 유효기간

사각은 붙여놓기 좋은 방식
제철을 이어나가기 좋은 방식
그러다 그곳에서 죽기 좋은 방식

튤립과 수박 그리고 고추 모종을 사 왔다
사각의 모종판이 밭으로 옮겨지면서
둥근 지구의 동그란 땅을 만난다

사각은 견디는 곳이고
둥근 곳은 활착과 번창하는 곳일까
이파리를 늘이고 열매를 맺고
이내 빨갛게 익는다

모종들은 나눌 수 있는 최대치의 숫자를 꿈꾼다

빨강이 피고 달항아리 같은 수박과
고추가 푸릇푸릇 달릴 즈음
사각은 귀퉁이가 다 닳았을까

아니면 사각의 기억을 완전히 잃었을까
사각의 유효기간은
한철

막내를 보내면서
아버지 때처럼 사각은 불온한 것 같아
달항아리를 택하였지

흙은
달을 기억할까
아버지의 사각을 기억할까

말없음표

코스모스 책을 집어들었다 대수롭지만 한들한들 읽으면 꽃의 정체도 밝힐 수 있을 거라 생각했다 넘길수록 꽃잎이 두꺼워졌다 꽃말을 더듬거리며 코스모스 꽃잎을 넣어 난해한 서가에 꽂아두었다 말없음표도 함께 넣었다

방학 끝난 첫 국어 시간에 다른 선생님이 들어오셨다 방학동안 국어 선생님이 학교를 그만두셨다 한다 비명들이 날아올랐고 나는 말없음표를 숨겼다

코스모스 책을 다시 펼쳤다 압화 몇이 떨어진다 기억을 가로지르는 유성 같다 생전이 얇았던 어머니가 압화가 되는 거기에도 시계가 있으면 좋겠다 말없음표를 찍는다

압화의 두께를 살짝 건드려본다 청춘은 어디쯤에서 눌려졌을까 국어 선생님을 몰래 좋아하던 그때부터였을까 처음 코스모스를 읽다가 덮어둔 그때부터였을까

말없음표를 숨기다가 말없음표를 넣어두고 말없음표를 찍

게 된 사이의 시간 바람은 가만히 있을 때가 거의 없어 꼭 해야
할 말을 놓치게 할 때도 있지만 그때마다 말없음표가 대수롭
다면 여전히 대수로울 수밖에 없다

의문

A4용지 한 묶음
가방에 넣으니 어깨가 묵직하다

루빈스타인의 녹턴을 들었다 그리고 임윤찬의 녹턴을 듣는
다 음률을 잡아당기는 무엇이 있어 녹턴이 미뉴에트보다 경쾌
하게 들릴 때가 있다

시 몇 편을 인쇄한다 몇 번 고쳐 인쇄하니 반이 남았다 빈 종
이 반 묶음과 시가 들앉은 반 묶음 종이를 다시 어깨에 얹으면
어느 쪽이 무거울까

물리 속의 질량과 중력의 관계를 생각한다 지구 중심에서
가장 바깥에 있는 음률, 빈 종이, 시가 들앉은 종이 그리고 나
는 나의 질량을 어떻게 계산해야 하나

피아노를 피아노처럼만 연주하지 않으려 무한 연습하는 것
은 부끄러운 낭비가 아니겠지만 인쇄된 시를 자꾸만 다시 고
쳐 인쇄해야 하는 것은 시를 시처럼 쓰기 때문이다

내가 쓴 시를 달에 보내면
실물 질량이 지구보다 가볍게 읽힐지
녹턴의 음률은 어떨지

또한 죽은 사람과 산 사람의 이름은
어느 것이 무거울지

봄 통장

아버지 세상 사는 동안
통장의 윗면과 아랫면 숫자들이 가득 찼었다

불편하지 않았지만 통장은 이월 발급되었다 아버지 평생의
거래 내역 마그네틱은 느린 소리를 냈다 마그네틱 선의 요철
은 결국 약간의 표면을 붙이고 뜯겨 나갔다 아버지 생에도 얇
은 요철은 있었다 깊은 쪽이 더 많았을 것이라는 생각

겨울눈이 봄꽃을 이월하듯 잔액이 남았을까
봄 통장에 이월되겠지
0으로 만들어야 할 아버지 봄 통장

0은 동그란 모양
다행이다
어느 쪽으로도 구를 수 있어
잘 붙잡지 못한 날
얼음 상자를 걷어차며 내리막으로 굴렀었지만
잘 붙잡으면

목련 꽃잎 펴지는 소리를 들을 수 있었을걸

길 저편 은행에는 회전문이 천천히 돌고 있다
다행일까
다시 어느 쪽으로든 구르지 않는 숫자가 되었다

울음

어릴 적 집에서 고양이를 키웠어 쥐를 곧잘 잡는 녀석이었는데 나만 보면 여지없이 발톱을 세우고 할퀴는 거야 할머니는 고양이가 어른과 아이를 귀신같이 알아본다고 하셨지 가끔 그 고양이가 귓속에서 울 때가 있어 그러면 울음에도 자음과 모음이 있을 거라는 생각이 들어

최초의 언어는 울음일 거야
무얼 어떻게 해달라는 떨리는 소리니까

말을 배우지 못한 존재의 언어가 울음이라고 정의한다면 모든 동물은 태어나면서 죽을 때까지 울음을 우는 일이겠지 태반을 먹어버리는 것도 울음의 모양으로 종(種)을 이루기 위함일 거야

세상으로 나오면서 울지 않는 아이 엉덩이를 찰싹 때리잖아 생존의 언어를 가르치는 것이지 어쩌면 떨리는 정도와 휴지기의 간격과 횟수의 빈도와 음계의 높낮이는 치명적인 숨소리일지 몰라

인간은 운이 좋아 울음에서 빠져나와
간간이 말을 섞으며 울기도 하니까

'새가 노래한다'와 '새가 운다' 중
어느 것이 더 생존적일까

묵언

지붕을 얹고 사는 곳을 거처라고 한다면
말의 거처엔 지붕 얹을 겨를이 없습니다

말보다 상등품은 침묵입니까
손으로 가리키는 눈의 끝에 상향의 등품이 있고
수시로 쏟아낸 하등품들 창고는
개축할 때가 되었지요

말의 등품을 가릴 때가 되었습니다
묵언으로 시작합니다

식탁에서 그만 뜨거운 말이 튀어나왔어요 재채기할 때처럼
미끄덩한 자세였어요 국그릇에서는 미역 가닥이 미끄러졌어
요 묵언수행 오 일째인데

정원은 이미 오십 일째 묵언 기도 중입니다
작정하기로는 백 일쯤 더 남아 있습니다
묵언엔 은빛 솜방울로 달려 있습니다

생리적 발언도 배척한 목련입니다
식탁에 엎질러진 파언은 비밀에 부쳐질까요
비밀도 묵언 수행 중입니다

하품으로 퇴고하는
이 겨울은
함께할 일들이 참 많은 계절입니다

깨진 글씨

아버지는 식자공이었다.

이렇게 쓰면 어딘지 모르게 깨진 글씨 같다.
왼쪽이 닳아 있는 시집에는 글씨 고치는 소리가 여전하다.

아버지는 닳지 않은 활자로 시집을 찍어냈지만 엄마의 활자
는 늘 모자랐었다. 간혹 활자가 없는 말을 중얼거렸다.

아버지라는 불확실성에 나를 던져 넣은 건 아니었을까. 교
실에서 출석 부를 때 동무들이 고무줄놀이하자고 부를 때에도
나는 내 이름에서 활자 하나쯤 빼버리고 싶었다.

식자공 아버지가 돌아가셨다.

이렇게 말하면서 어쩐지 모자랐던 어머니의 활자와 빼버리
고 싶었던 나의 활자를 시집 어느 한쪽에 던져 넣어야 할 것 같
은 생각이 들었다.
앞뒤 몇 글자만 고쳐서 될 게 아니었다.

피라미디온의 세계

문신(시인·문학평론가)

　시를 어떻게 쓰는 거냐는 물음에 나는 대체로 두 개의 비유적인 답을 준비하고 있다. 하나는 바둑 두듯이 시를 써야 한다는 것이고, 피라미드 쌓듯 써나가야 한다는 것이 또 하나의 방법이다. 바둑식 시 쓰기가 시적 대상과 충돌하고 갈등하면서 자기만의 (시적) 영역을 힘겹게 확보하는 과정이라면, 피라미드식은 정교하게 설계된 기획에 따라 순차적으로 언어를 구축하는 활동이다. 이 중 어느 쪽이 낫냐는 물음은 무의미하다. 시 쓰기에서 방법적 우열을 가리는 일은 무용할뿐더러, 시 쓰기 방법은 세상에 존재하는 시만큼 다양하기 때문이다.

　그렇다고 해서 각각의 방법론이 보여주는 미적 효과마저 같은 것은 아니다. 바둑 두듯이 창작된 시는 파편화된 시적 정보

들을 모으고, 그것들의 연합과 연계를 파악하는 과정 자체가
시 읽기가 된다. 이는 대체로 수평적인 층위에서 이루어지는
데, 밤하늘에 무질서하게 펼쳐진 별들 사이에서 의미 있는 형
상을 찾아내는 별자리처럼 시를 읽는 과정에서 독자의 상상
적인 재구성 활동이 요구된다. 반면 피라미드 쌓듯 써나간 시
는 정교하게 짜인 언어 미학에 주목하게 된다. 시행의 누적이
주는 입체감과 그것들이 하나의 지점을 향해 흐트러짐 없이
나아가는 질서는 시의 통일된 이미지를 구축한다. 그래서 누
구라도 한눈에 그것의 전체를 완결성 있게 파악할 수 있다.

  김은후 시인의 시는 대체로 피라미드식으로 구축되어 있
다. 그의 시는 외부로 확장하기보다 중심을 향해 시적 에너지
를 응축해 나간다. 이러한 시 쓰기가 특별히 주목받아야 하
는 건 아니지만, 김은후 시인의 시는 '그럼에도' 다시 보게 만
드는 요소가 있다. 그것이 정확히 무엇인지 설명할 수는 없
지만, 김은후 시인의 시를 읽다 보면 나도 모르게 피라미디온
(pyramidion)을 떠올리게 된다. 피라미디온은 고대 이집트 피
라미드 건축에서 마지막으로 놓는 돌, 그러니까 사각뿔의 꼭
대기에 놓이는 돌을 말한다. 아무리 많은 돌을 쌓아 올려도
피라미디온 없이는 피라미드가 완성되지 않는다. 피라미디
온 없는 피라미드는 의미 없이 쌓아놓은 거대한 돌무더기에
지나지 않는 것이다. 피라미디온에는 피라미드의 주인인 왕
의 칭호나 신화적 상징물이 새겨진 경우가 많은데, 바로 그러

한 이유로 피라미디온은 그 아래 누적된 돌무더기에 피라미드라는 생명을 부여할 수 있다. 즉 피라미디온은 피라미드를 구성하는 낱개의 돌이 아니라 피라미드라는 존재를 개시하게 만드는 세계가 되고, 피라미디온을 놓음으로써 피라미드를 구성하는 각각의 돌은 저마다의 존재 의의를 부여받게 되는 것이다. 김은후 시인의 시를 존재하게 하고, 그의 시에서 통일된 완결성을 읽어내게 하는 것도 시의 정점에서 그 전체의 중심이 되는 피라미디온 같은 게 존재하기 때문이다.

그때 내가 살던 집이 기찻길 옆이었어
집이 들뜨고 있었어
차창이 달리는 집이었어
가는 소리와 오는 소리 어느 쪽에 마음을 얹고 살았는지
모르겠어
그러느라 마음에 솜털이 돋기도 했어

소리의 구실에 대해 기차는 구설수를 퍼뜨렸지만 한밤중에는 오는 기차가 가는 소리로 들리기도 했어 12량 기차가 어느 날은 무정차로 악몽을 지나가기도 했어 그럴 때면 온 마음의 솜털이 쭈뼛 일어서기도 했지 왕래의 방향은 결국 선로가 정하는 것 같아 지나온 선로와 갈 곳의 선로만 볼 수 있는 기차를 타보고서야 알게 되었지

선로 옆, 집들은 왜 돌아앉아 있을까

돌아앉은 풍경에는 제라늄이 붉어

뒷창을 내는 사람들의 상상적 습관이지

같은 색의 소리라도

돌아앉은 소리와 마주 보는 소리는 다르잖아

붉은 소리든 상상적 소리든

그때 나는 그 들뜬 집에서

몸에 붉은 꽃잎이 자라나는 것 같았어

—「등 돌린 집들」 전문

   우리 문학사에서 "기찻길"과 거기에 잇대어 있는 "집"을 모티프 삼은 시들은 적지 않다. 그런 시를 통해 우리는 우리에게 그런 시절이 있었다는 사실을 환기하고, 나아가 그러한 삶의 순간들이 이제는 "그때"라는 과거의 한 지점으로 물러나 있다는 점을 뒤늦게 발견한다. 그러한 발견의 이면에는 "기찻길 옆"이라는 근대적 공간이 역사적 시간과 결합하여 발전과 성장으로 상징되는 서사 미학이 숨어 있다. 시는 때때로 그러한 성장 미학을 통해 오늘날 우리 삶을 짚어보게 하는데, 「등 돌린 집들」에서도 일명 '기찻길 옆 오막살이' 서사를 읽어낼 수 있다. 이 시에 따르면 기차가 지나갈 때마다 "집이 들뜨고"

"가는 소리와 오는 소리"에 귀 기울이는 동안 조금씩 사람들의 "마음에 솜털이 돋"는다. 이때 '돋'는 일과 '들뜨'는 일은 "지나온 선로"로부터 "갈 곳의 선로"로 방향을 전환하고, 그 방향성을 지속하게 만드는 힘이 된다. 우리의 역사는, 그리고 우리 자신은 이렇게 '그때'로부터 계속해서 돋고 들뜨는 삶을 살아왔다.

"그때 내가 살던 집이 기찻길 옆이었"다는 사실을 기반으로, 그 위에서 "집이 들뜨"는 과정을 순차적으로 쌓아가는 「등 돌린 집들」을 통해 확인할 수 있는 건 김은후 시인이 개인의 역사적 경험을 순차적으로 누적해 가는 피라미드식 시 쓰기에 나름의 장점을 보인다는 사실이다. 가령 "나는 나 자신과 나의 입장으로 한 몸이지"(「빵의 모양」)라고 했을 때나 "거기서도 새들은/자기 이름을 울음으로 노래할까요"(「무더운 피」)라고 했을 때 '나 자신', '나의 입장', '자기 이름' 같은 경우가 한 개인의 역사적 경험이 총체적으로 누적된 주체로 읽힌다. 「등 돌린 집들」에서 그런 캐릭터는 마지막에 "몸에 붉은 꽃잎이 자라나는" "나"로 표상되면서 '나'는 '그때'와는 질적으로 달라진 모습, 다시 말해 '붉은 꽃잎'으로 비유되어 나타난다. 바로 이 지점이 김은후 시인이 올려놓은 피라미디온 같은 것이라 할 수 있다. "기찻길 옆" "내가 살던 집"에서 조금씩 "들뜨고" "솜털이 돋"는 과정을 통해 최종적으로 '나'는 '붉은 꽃잎'이라는 시와 삶의 정점에 도달하는데, 그 정점의 '붉은 꽃잎'이 피라미디온의 한 형태라는 것이다.

그렇다면 이렇게 질적인 변화를 만들어낸 동력은 무엇이었을까? 김은후 시인에게 그것은 "상상적 습관"인 것 같다. "나는 가끔 폭설에 갇히는 상상을 한다고 말했을 때"(「그 뒤에 내가 서 있어」), "나는 키보드와 상상력 사이를 좋아해"(「너는 어떻게 부드러워지니?」) 같은 시구에서 김은후 시인은 '상상적 습관'을 행위 차원이 아니라 존재 차원에서 실현해 낸다. 상상하는 일이 '나'의 특별한 순간에만 발생하는 행위가 아니라, '나'를 존재하게 만드는 '습관'으로서의 그 자체라는 뜻이다. 그런 까닭에 김은후 시인의 시는 '상상적 습관'이 구현된 언어 경험의 피라미드로 읽힌다.

> 몸에 별똥돌의 흔적이 있습니까 어떤 질병이나 실패는 불타는 별과 같지만 출처가 소행성대가 아니라 세상이고 또 대부분 예상치 못한 충돌이었으니 흉터는 필연으로 풍화되었을 겁니다 겨우 쏜살같은 속도로만 빛나는 별똥별은 어디에 떨어지건 움푹한 깊이를 갖게 됩니다 별똥별의 속도는 빛의 속도보다 느릴 것입니다 그러니 미래로 갈 수는 없겠습니다 사과나무 밑엔 불시착하는 여름이 있습니다 파랄 때 가장 무거울까요 빨간색은 쉽게 떨어지지 않는 것을 보면 모든 낙하가 동일한 품종은 아닌 것 같습니다 보름일 때 가장 잘 보인다는 달의 크레이터, 흉터는 언제

가장 잘 보일까요 누구나 제빛을 태우며 살아 있지만 무거운 곳과 가벼운 곳은 사선과 직선으로 다릅니다 무중력에도 저쪽은 있고 충돌할 때 얻은 것은 아마도 가장 낮은 무게였을 것입니다 그렇다면 누가 별똥돌의 주인일까요 우주일까요 빛일까요 크레이터일까요 동심원상으로 흩어지는 파편 같은

—「크레이터」 전문

 상상적 습관은 기본적으로 물리적이고 감각적인 1차 경험에서 출발한다. 그 경험은 유사한 상황에서 환기되고 차용됨으로써 2차 경험으로 질적 전환을 이루게 되는데, 이 과정에서 파편화된 감각 정보들은 새로운 형상으로 재구성된다. 이것이 우리가 알고 있는 상상의 본질이다. 이 시에서 "크레이터"는 물리적 현상에 바탕을 둔 실체이면서 장차 상상적 습관으로 전환되어야 할 상징 기표로 기능한다. 물리 법칙인 "달의 크레이터"는 그 유사성으로 해서 "몸에 별똥돌의 흔적"으로 비유적인 도약을 하게 되는데, 이 경우 "별똥돌의 흔적"은 "달의 크레이터"와 달리 "세상"으로부터 발생한 "어떤 질병이나 실패"의 상상적 산물이 된다. 즉 물리적 충돌의 흔적이 감각적 외상이라면, 상상적 습관의 크레이터는 상상된 내상이 되는 것이다. 이렇게 상상된 내상으로서의 '크레이터'는 김은후 시인이 이 시의 정점에 정교하게 올려놓은 또 하나의 피라

미디온이다.

이쯤 되면 김은후 시인이 추구하는 피라미디온의 정체가 어렴풋하게나마 드러난 듯하다. 이번 시집에 실린 그의 시는 전반적으로 "문장 밖에서 또는 문장 안에서/때로는 번지점프를 하고 때로는 패러글라이딩을 하"(「자각몽」)고자 한다. 그것은 감각 세계로부터 상상 세계로의 비유적 도약이자 무의미로부터 의미를 생성하는 전략적 선택이다. 상징적 상상을 새겨넣은 피라미디온을 놓음으로써 피라미드의 개별 돌들이 생명력을 얻듯, 김은후 시인은 상상적 습관을 감각 세계의 정점에 배치함으로써 시어와 시행의 누적이 의미를 획득하도록 한다. 물론 이 과정에서 세계의 비유적 도약보다 중요한 어떤 것이 있다는 사실을 김은후 시인은 놓치지 않는다. 그건 감각 세계로부터 상상 세계로 도약할 수 있는 어떤 지점, 즉 그 '사이'에 놓인 지점의 존재론적 위상을 밝히는 일이다.

김은후 시인은 '사이'의 시적 매력을 누구보다 잘 안다. "여기에서 저기까지는 일직선의 사이입니다 사이란 안쪽도 바깥쪽도 포함되니까요"(「굴절」), "그 감정 사이를 보는 눈은 또 따로 있겠지만"(「눈치」), "어디를 사회과부도로 익히면서 남북 회귀선 사이는 축하할 일 없는 사막이겠네, 했어요"(「무더운 피」), "지정된 장소들과 사이, 그 사이들"(「너는 어떻게 부드러워지니?」), "이파리들 사이로 하늘만 올려다본 지 여러 해 되었습니다"(「호두나무 소식」), "파꽃 사이 마른 겉잎들"(「집중」),

"어느 쪽으로든 치우치려는 페이지들 사이에서 낯익은 단어를 골라낸다"(「불온한 식욕」), "음표와 음표 사이로 송어가 춤을 춘다"(「손」), "말과 말 사이에 모르는 얼굴이 있고"(「파리의 저녁」) 등 김은후 시인의 시에는 '사이'에 관한 존재론적 관심이 반복적으로 등장하는데, 그의 시에서 '사이'는 대체로 시를 탄생시키는 원점으로 기능한다. 다음에 보게 될 시는 김은후 시인이 탐색하는 '사이'의 존재를 명확하게 짚어낸 사례다.

눈꺼풀 사이에는 눈이 있죠 지금부터 틈이라고 말할 거예요, 그 틈으로 넓은 곳을 보고 있는 거죠 내다볼 때나 들여다볼 때 쓰는 견고한 틈이에요 내다보는 일은 안쪽을 지키자는 뜻이고 들여다보는 일은 안쪽으로 들어가고 싶은 일이죠

잠을 잘 때나 골똘히 생각할 때는 눈을 감아요

오랫동안 틈을 닫은 사람들의 숲속 나라 이야기가 있어요 왕자의 키스로 결말을 지우죠 왕자는 입술에 키스를 했지만 골똘히 생각해 보면 먼저 눈에 키스했을 것 같지 않나요 공주를 깨우는 일은 공주의 틈을 들여다보는 일이잖아요

이 이야기에는 부사가 주인공입니다
키스는 마침표 전에 해야 하는 거죠

모두들 결말이 어떻게 되었는지는 알지만 과정을 궁금
해하는 사람은 없어요 나는 이렇게 생각해요 눈을 감는 것
은 적절한 때 꿈을 깨기 위해 틈을 닫는 것이구요 입을 닫
는 것은 사랑한다는 말을 절실할 때 하려고 틈을 접는 것
이라구요

시치미 떼고 "안녕하세요?"
짐짓 "기다렸어요"
돌연한 말들이 오가는
눈썹같이 생긴 초승달이 뜨는 밤이었을 거예요
　　　　　　　　　　　　　　　—「틈은, 반드시」 전문

이 시에는 '사이'에 관한 독특한 해석이 반영되어 있다. "눈
꺼풀 사이에는 눈이 있"는데, 김은후 시인은 그곳을 "틈이라
고 말"한다. 그리고 "그 틈으로 넓은 곳을 보고 있"다. 이 경우
'사이'는 '눈'이 되고, '눈'은 세상을 향해 열린 '틈'으로 치환된
다. 따라서 김은후 시인의 시는 '사이'의 '눈'으로 세상의 '틈'을
관찰하고, 그 '틈'에서 발생하는 서사를 언어로 포착하는 일에
몰두하는 경향이 짙다. 그런데 "내다볼 때나 들여다볼 때 쓰

는 견고한 틈"이 "잠을 잘 때나 골똘히 생각할 때는 눈을 감"
는 경우가 있다. 이렇게 눈 감음으로써 '사이'가 사라지는 순
간이 발생하는데, 바로 그 순간에 나타나는 것이 3연에서 확
인할 수 있는 "숲속 나라 이야기"이다. 알다시피 '숲속 나라'는
현실 세계에 존재하지 않는 상상된 세계이고, 그러한 세계는
감각적으로 이해되기 이전에 '이야기'라는 언어 형식을 통해
공유되는 세계이다. 1차적인 감각 세계가 '눈'을 감음으로써
폐쇄되고, 이야기의 세계인 상상된 세계가 열리게 되는 것이
다. 이때 중요한 건 이야기의 세계는 필연적으로 "돌연한 말
들이 오가는" 세계, 즉 언어 세계에 속한다는 사실이다. 이것
이 의미 있는 이유는 언어 세계가 우리 인간이 감각적인 현실
세계에서 부딪치는 경험과 인식의 한계를 미적·상상적으로
구성하기 때문이다. 우리가 시를 쓰고 읽는 매력적인 이유 가
운데 하나가 이 점이다. 현실에서는 파악될 수 없는 어떤 것
들을 시는 비밀스럽게 보여주는데, '돌연한 말들'이 그것을 실
현하는 핵심 기제가 된다. 그래서일까? 김은후 시인은 그 '말
들'의 근원을 추적해 간다.

　　어릴 적 집에서 고양이를 키웠어 쥐를 곧잘 잡는 녀석이
　었는데 나만 보면 여지없이 발톱을 세우고 할퀴는 거야 할
　머니는 고양이가 어른과 아이를 귀신같이 알아본다고 하
　셨지 가끔 그 고양이가 귓속에서 울 때가 있어 그러면 울

음에도 자음과 모음이 있을 거라는 생각이 들어

　최초의 언어는 울음일 거야
　무얼 어떻게 해달라는 떨리는 소리니까

　말을 배우지 못한 존재의 언어가 울음이라고 정의한다
면 모든 동물은 태어나면서 죽을 때까지 울음을 우는 일이
겠지 태반을 먹어버리는 것도 울음의 모양으로 종(種)을
이루기 위함일 거야

　세상으로 나오면서 울지 않는 아이 엉덩이를 찰싹 때리
잖아 생존의 언어를 가르치는 것이지 어쩌면 떨리는 정도
와 휴지기의 간격과 횟수의 빈도와 음계의 높낮이는 치명
적인 숨소리일지 몰라

　인간은 운이 좋아 울음에서 빠져나와
　간간이 말을 섞으며 울기도 하니까

　'새가 노래한다'와 '새가 운다' 중
　어느 것이 더 생존적일까

　　　　　　　　　　　　　　　　　　—「울음」 전문

세상에 태어난 우리가 최초로 자기의 감정이나 생각을 표현하는 일이 울음이라는 사실은 잘 알려져 있다. 그 울음의 매체가 언어라는 점도 우리는 안다. 그런 점에서 김은후 시인이 "최초의 언어는 울음일 거"라고 말한 것에 선뜻 동의하게 된다. "울음에도 자음과 모음이 있"고, 그러한 울음은 거의 언제나 "무얼 어떻게 해달라는 떨리는 소리"라는 것과 그러한 소리가 "생존의 언어"라는 생각에도 고개를 끄덕이지 않을 도리는 없다. 그러나 "말을 배우지 못한 존재의 언어가 울음이라고 정의"하는 일에는 약간의 설명이 필요해 보인다. 그러자면 "말"과 "언어"의 분리가 전제되어야 하는데, 이는 통상적으로 그것을 동일시해 온 우리의 관념을 부정하는 일이다. 물론 김은후 시인은 그와 같은 부정을 올바른 방향으로 정립해 놓고 있다. "인간은 운이 좋아 울음에서 빠져나와/간간이 말을 섞으며 울기도 하"는 존재라는 명쾌한 해석이 그것이다. 김은후 시인은 '울음'과 '말'이 동일하지 않고, 인간은 '울음'이라는 원초적인 언어표현을 넘어 '말'의 세계에서 존재하고 살아간다는 사실을 누구보다 잘 안다.

그렇다면 '말'과 존재의 언어인 '울음'의 차이는 무엇일까? 「울음」에 따르면 '울음'은 생존을 위한 "치명적인 숨소리"다. 그러므로 '울음'은 살고 싶다는 자기표현의 가장 강력한 언어인 셈이다. 그에 반해 '말'은 우리 인간의 상상적 세계를 미학적으로 표현하는 언어에 해당한다. "어떤 말은 내 것을 고스

란히 가져갈 때가 있다"(「파리의 저녁」)라고 김은후 시인이 말했을 때, "내 것"이란 다른 게 아니라 나의 상상 세계를 말한다. 나의 상상 세계는 1차적인 감각 세계가 비유적으로 도약한 세계라는 건 앞에서 이미 밝혔다. 그런 점에서 이제 '말'의 정체가 서서히 드러나는 것 같다. '말'이란 감각 세계를 상상 세계로 도약시키는 강력한 에너지라는 것. 그리고 그 '말'은 김은후 시인에게는 한 편의 시를 존재하게 하는 피라미디온과 같다는 것.

이쯤 되면 김은후 시인의 시가 발생하는 지점을 알 수 있다. 그의 시는 감각 세계와 상상 세계의 '사이'에서 탄생하며, 그곳에서 목격한 세계의 비밀을 언어적 상상력으로 형상화하는 특징을 보인다. 이때 그의 시는 일상이라는 형이하학의 세계로부터 형이상학의 세계로 과감하게 도약하는데, 이것을 실현하는 상징물이 피라미디온이다. 피라미디온이 돌덩이에 불과한 피라미드의 세계를 존재론적·신화적 대상으로 의미화한 것처럼, 김은후 시인은 자기만의 독특한 '말', 즉 도약의 언어적 상상력을 통해 의미 있는 시적 세계를 만들어낸다. 이것이 핵심이다. 김은후 시인의 시는 감각 세계의 질서를 언어로 형성한 후, 그 질서의 도약을 질적으로 끌어내는 독특한 상상력을 보여주는 것이다. 그리고 그러한 질적 도약은 "신기루와 같은 것"처럼 보인다. 김은후 시인이 우리의 일상적인 삶은 "채굴된 굴절을 퍼놓은 것들"에 가깝고, 그러한 일상에서 "내게는 엉뚱한 바람이 하나 있"(「굴절」)다고 말할 때 '채굴된 굴절을 펴놓은' 어떤 것이 바로 '신기루'다. 그런 점에서 신기루는 감각 세계를 상상 세계로 도약시키는 거의 유일한 매개가 된다.

이제 정리하기로 하자. 김은후 시인의 시가 표방하는 지점은 피라미디온의 세계이자 신기루의 세계, 다시 말해 일상의 감각이 상상적으로 도약한 세계라는 것. 그 생각을 증명이라도 하듯 김은후 시인은 "몸속에 철이 가득 차는 계절이 오면 핀 꽃들이 몸 안으로 들어오겠네 그러면 그때는 시를 저기 화성으로 보내자"(「그러면, Fe」)라고 쓴다. "몸 안"에 "핀 꽃들"로 한 편의 "시"를 창조하고, 그것을 "화성으로 보내자"고 말하는 그의 상상적 도약은, 이번 시집에서도 그렇지만 앞으로도 그의 시적 충동을 이끌어갈 매력적인 요소처럼 보인다. 그러므로 그의 시가 어디까지 도약해 가는지 관심 있게 지켜볼 일이다.

시인동네 시인선 264

너는 어떻게 부드러워지니?

ⓒ 김은후

초판 1쇄 인쇄 2025년 10월 23일
초판 1쇄 발행 2025년 10월 30일
지은이 김은후
펴낸이 김석봉
디자인 헤이존
펴낸곳 문학의전당
출판등록 제448-251002012000043호
주소 충북 단양군 적성면 도곡파랑로 178
전화 043-421-1977
전자우편 sbpoem@naver.com

ISBN 979-11-5896-716-1 03810

*이 시집은 경기도, 경기문화재단의 지원을 받아 발간되었습니다.